문영숙 글

역사의 변방에 소외된 이들의 목소리를 대변하며, 세계에 흩어져 사는 한민족의 이야기를 쓰는 작가예요. 그동안 역사 동화와
청소년 소설 『무덤 속의 그림』, 『궁녀 학이』, 『아기가 된 할아버지』, 『치매 마음 안의 외딴방 하나』, 『에네껜 아이들』, 『검은 바다』,
『까레이스키 끝없는 방랑』, 『꽃제비, 영대』, 『벽란도의 비밀 청자』, 『독립운동가 최재형』, 『그래도 나는 피었습니다』, 『안중근의 마지막 유언』,
『사건과 인물로 본 임시정부 100년』, 『종이 신발』, 『박꽃이 피었습니다』, 『나의 할아버지, 인민군 소년병』 등을 썼어요.
지금도 여전히 글을 쓰면서 '독립운동가 최재형 기념사업회' 이사장으로 활동 중입니다.

박지연 그림

아동 출판사에서 아동 도서에 그림을 그리며 활동을 시작했습니다. 현재는 다양한 그림체로 성인 실용서까지 분야를
넓혀 활동 중입니다. 그동안 그린 책으로는 『이솝 우화』, 『한국 전래 동화』, 『잠들기 전 엄마 아빠가 들려주는 탈무드』,
『잠들기 전 엄마 아빠가 들려주는 세계 명작 동화』 등이 있습니다.

독립운동가의 어머니,
조마리아

초판 1쇄 발행 | 2024년 4월 20일

글쓴이 문영숙 | **그린이** 박지연
펴낸이 조미현 | **책임편집** 황정원 | **편집진행** 윤나래 | **디자인** 나비

펴낸곳 (주)현암사 | **등록** 1951년 12월 24일·제10-126호
주소 04029 서울시 마포구 동교로12안길 35 | **전화** 365-5051 · **팩스** 313-2729
전자우편 child@hyeonamsa.com | **홈페이지** www.hyeonamsa.com
블로그 blog.naver.com/hyeonamsa | **인스타그램** www.instagram.com/hyeonam_junior

ⓒ 문영숙, 박지연 2024

ISBN 978-89-323-7623-3 77810

- 이 책은 저작권법에 따라 보호를 받는 저작물이므로 저작권자와 출판사의 허락 없이
  이 책의 내용을 복제하거나 다른 용도로 쓸 수 없습니다.
- 책값은 뒤표지에 있습니다. 잘못된 책은 바꾸어 드립니다.
- 현암주니어는 (주)현암사의 아동 브랜드입니다.

 제품명 도서 | **전화번호** 02-365-5051 | **제조년월** 2024년 4월 | **제조국명** 대한민국
제조자명 (주)현암사 | **사용연령** 4세 이상 | **주소** 서울시 마포구 동교로12안길 35
주의사항 책 모서리에 부딪히거나 종이에 베이지 않도록 주의해 주세요.
KC 마크는 이 제품이 공통안전기준에 적합하였음을 의미합니다.

독립운동가의 어머니,
조마리아

문영숙 글 | 박지연 그림

1909년이 저물어 가던 어느 날, 총을 멘 일본 순사들이
조마리아의 집에 들이닥쳤어.
"모두 체포해!"
그들은 신발도 벗지 않은 채 방문을 열어젖히며 소리쳤지.
"무, 무슨 일이오? 이리 무도하게!"
일본 순사가 조마리아의 두 손을 묶으려고 했어.
조마리아가 일본 순사의 손을 뿌리치면서 호통을 쳤어.
"이 손 놓으시오! 무슨 일이냐고 묻지 않소?"
"당신 아들이 우리 일본의 이토 공작님을 죽였소!"
"뭐요? 내 아들이 이토 공작을!"
일본 순사는 조마리아의 식구들을 모두 끌고 갔어.

일본 순사들은 마치 조마리아가 범죄자라도
되는 것처럼 거칠게 몰아붙였어.
"당신 아들이 언제 하얼빈으로 갔소?"
"나도 내 아들을 본 지 오래되었소."
"안중근이 한국을 떠나기 전에 누구와 만났소?
누구와 이 일을 꾸몄소?"
일본 순사가 무섭게 을러댔지만,
조마리아는 겁먹지 않았어.
오히려 더욱 꼿꼿하게 호령을 했지.
"내 아들이 이토 공작을 죽였다면
나라를 위한 일이기 때문이었을 것이오!"
"이토 공작님에게 총을 겨눈 일이 나라를 위한 일이라고?
어미나 아들이나 똑같군. 똑같아!"
일본 순사는 조마리아가 너무 당당하게 대들자
더 이상 조사해도 소용없다면서 풀어 주었어.
하얼빈에서 이토 히로부미에게 총을 쏜 사람은
바로 조마리아의 아들, 안중근이었어.

조마리아는 풀려나오자마자 급히 변호사를 찾아갔어.
변호사는 조마리아의 두 손을 덥석 잡고 말했어.
"아, 저도 들었습니다. 우리 안중근이 조선의 원수 이토를 처단했다니
정말 장한 일을 했습니다. 하지만 아드님의 일이니 얼마나 마음이 아프십니까?"
"아닙니다. 내 아들은 독립운동가로서 나라를 위한 일을 한 것입니다.
그러니 조금이라도 억울함이 없도록 변호를 맡아 주십시오."
"염려 마십시오. 안중근은 일본이 재판을 할 수 없습니다."
"그게 무슨 말입니까?"

"여기 하얼빈은 원래 중국 땅이지만 지금은 러시아가 지배하고 있어요. 그러니 이 땅에서 일어난 일을 일본이 마음대로 할 수 없습니다. 하얼빈은 중국 땅이지만 또 러시아 땅이라고도 할 수 있어요. 그러니 안중근은 국제법으로 재판을 받아야 합니다."

"일본이라면 믿을 수가 없지만 국제법으로 재판을 받는다면 안심이 됩니다."

"네, 그럼요. 러일 전쟁에서 러시아가 졌으니, 러시아도 속으로는 안중근의 거사를 반길 겁니다. 다만 한 가지 걸리는 게 있습니다."

"걸리는 것이요? 그게 무엇입니까?"

"러일 전쟁에서 러시아가 일본에게 졌기 때문에 혹여 일본이 러시아를 압박하지 않을까, 그것이 염려됩니다. 하지만 세계가 지켜보고 있으니 너무 걱정하지 마세요. 저도 최선을 다하겠습니다."

아니나 다를까.
며칠 후 러시아는 안중근을 일본에 떠넘겨 버렸어.
안중근은 곧바로 일본이 지배하고 있는 뤼순 감옥으로 끌려갔지.

안중근을 위해 국내는 물론, 국제 변호사들도 서로 변호를 맡겠다고 나섰어.
전 세계의 유명한 신문 기자들도 안중근의 재판을 취재하기 위해
뤼순으로 모여들었지.

그러나 일본은 언어가 통하지 않는다는
이유로 국제 변호사를 모두 내쳤어.
그러고는 일본 관선 변호사에게 변호를 맡겼지.
일본 관선 변호사는 나라에서 가려 뽑은
변호사임에도, 안중근은 정치범이기 때문에
사형을 선고해서는 안 된다고 주장했지. 그런데도
일본 법정은 1910년 2월 14일, 안중근에게 사형을 선고했어.

조마리아는 하늘이 무너지는 것 같았어.

'대한의 원수 이토는 수많은 한국인을 죽였는데, 어째서 이토 한 사람을 죽인 내 아들이 사형이란 말인가! 국제법을 무시하는 일본은 참으로 무식쟁이가 아니고 무엇이란 말이냐!'

변호사가 조마리아에게 말했어.

"일본의 판결을 따를 수는 없습니다. 반드시 항소˚를 해야지요."

조마리아는 분노하는 변호사에게 천천히 고개를 저었어.

"아닙니다. 일본에 항소를 한다는 건 일본 법을 인정하는 거나 마찬가지고, 결국 일본에 굴복하는 거예요. 당당하게 형을 받는 게 일본을 이기는 겁니다."

"어떻게 그런 생각까지 하십니까. 참으로 대단한 어머니이십니다."

˚**항소** 1차 판결을 인정하지 않고 다시 재판을 요구하는 것

조마리아는 흰옷을 보내 달라는 소식을 듣고 아들의 수의를 마련했어.
수의를 어루만지는 손끝마다 아들을 생각했지.

조마리아는 수의를 정성껏 개키며 아들의 마지막 모습을 생각했어.
'아들아, 이 어미가 보내는 수의를 입고 하늘로 가거라.'
조마리아는 뤼순에 있는 안중근의 두 동생에게 수의를 보냈어.
"가서 네 형의 마지막 길을 배웅하고 사형이 집행되면 시신을 돌려받아라."

1910년 3월 26일, 안중근은 조마리아가 보낸 수의를 입고 사형장으로 갔어.
안중근은 두 동생에게 마지막 유언을 남겼어.
"내가 죽거든 하얼빈 공원 곁에 묻어 두었다가, 우리 국권이 회복되거든
고국으로 돌려보내다오."
그러나 일본은 끝내 안중근의 시신을 돌려주지 않았어.

안중근의 가족은 일본의 감시 때문에 국내에서 살 수가 없었어.
두 동생은 물론, 사촌들까지 엉뚱한 죄목을 걸어 경찰서로 불러들였어.
조마리아의 며느리와 손자는 다행히 러시아 연해주로 가서 동포들의 보호를 받을 수 있었어.
안중근의 두 동생도 연해주로 망명했지. 조마리아도 국경을 넘어 연해주로 갔어.
"잘 오셨소. 안 의사° 가족을 위해 동포들이 모은 돈이오."
연해주에 사는 최재형이 동포들이 모금한 돈을 조마리아에게 전했어.
'모두가 내 아들을 존경하고 있구나. 내 아들의 어미답게
나도 당당하게 나라의 독립을 위해 싸워야지.'

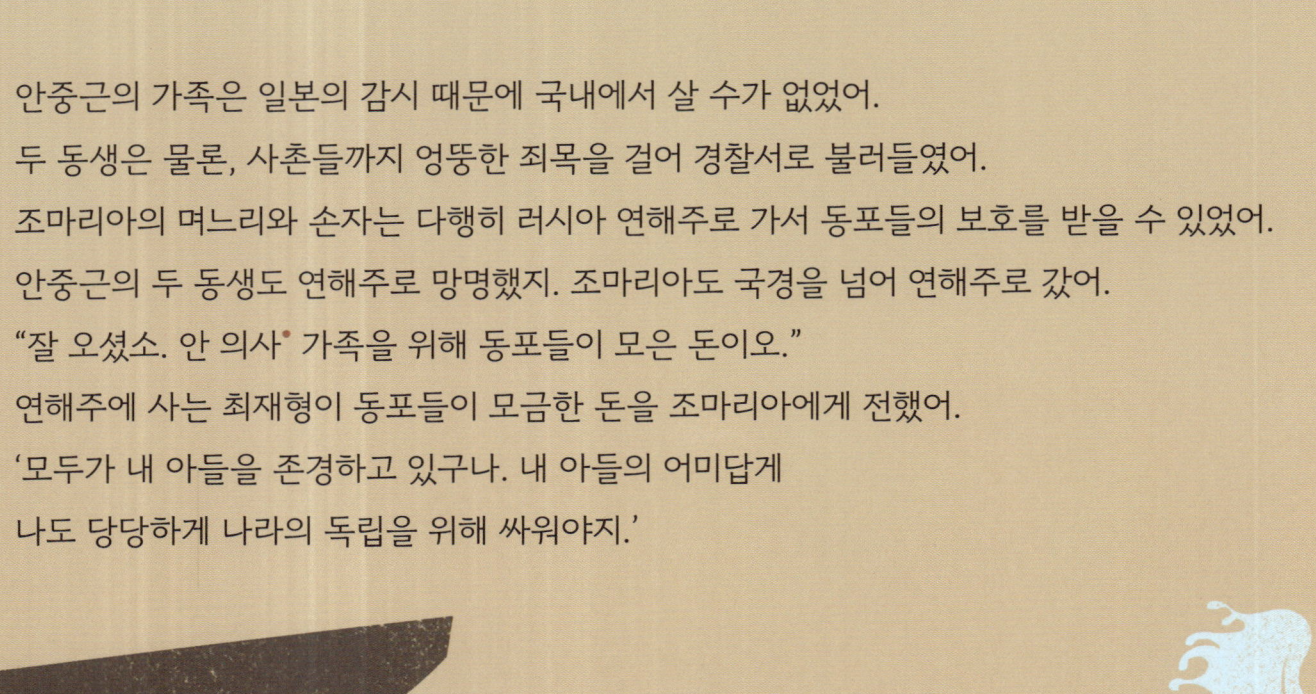

***의사** 나라를 위해 외세에 무력으로 맞서다 의롭게 죽은 사람

조마리아는 나이 든 몸으로 러시아 연해주에 사는
동포들을 직접 찾아다녔어.
아들이 손가락을 잘라 단지 동맹을 했던
크라스키노에서 우수리스크로, 한인들이 가장
많이 사는 라즈돌리노예에서 블라디보스토크로,
러시아의 진주라 불리는 하바롭스크에서
바이칼 호수가 있는 이르쿠츠크로,
산을 넘고 물을 건너, 하루도 쉬지 않고
동포들을 찾아다니며 호소했지.

"나는 안중근의 어미요. 내 아들의 죽음을 헛되게 하지 맙시다. 우리가 대한 독립을 이뤄 냅시다."
동포들은 '안중근'이라는 이름만 들어도 조마리아를 잘 대접하려고 노력했지만,
조마리아는 늘 이렇게 말했지.
"나는 대접받으려고 여기 온 게 아닙니다. 대한 독립을 위해 싸우러 왔어요.
지금은 남의 나라에서 살지만 반드시 내 나라를 다시 찾읍시다."
동포들은 조마리아의 호소에 모두 한마음이 되었어.

조마리아는 나이 든 여인이었지만, 궂은일을 마다하지 않았어. 기개 또한 대단했지.
어느 날, 조마리아가 마차를 타고 북만주 산길을 지날 때였어.
"멈춰라!"
탕! 탕! 탕! 갑자기 마적 떼가 나타났어.
말을 타고 다니며 돈과 물건을 빼앗는 마적들은 항상 떼 지어 몰려다녔거든.
마적 떼는 호랑이보다도 더 무서운 존재였어.
모두 땅에 엎드려 벌벌 떨자, 조마리아는 번개처럼 치마를 걷고 말 위에 올라타서 소리쳤어.
"이 겁쟁이들아! 이렇게 겁이 많아 무슨 독립운동을 해? 어서 마차에 올라타!"
조마리아는 말채찍을 힘껏 내리쳤어.

"이랴! 이랴! 이랴앗!"
마적 떼도 조마리아의 기세에 놀라
멀뚱멀뚱 바라만 보고 있었어.

산길을 벗어나 안전한 곳에 이르러서야
조마리아가 말에서 내렸어.
"세상에! 어디서 그런 힘이 솟아납니까?
열 남자보다 더 대단하십니다."
"강한 자는 강하게, 약한 자는 약하게 대하라는
말이 있습니다. 내 아들 중근은 하나뿐인
목숨을 바쳐 이토를 처단했어요. 그런 아들의
어미인데, 무서울 게 뭐가 있겠어요."
사람들은 조마리아를 가리켜 호랑이를 낳은
호랑이 어머니라고 말했어.

1919년 상하이에 대한민국 임시 정부가 수립되었지.
조마리아의 가족도 모두 상하이로 갔어.
대한민국 임시 정부 사람들은 물론, 중국인들까지도
조마리아를 비롯한 안중근의 가족들을 특별하게 대했어.
조마리아는 아들의 명예를 지키면서 대한민국 임시 정부의 어머니 역할을 했어.
아이들에게는 자상하고 따뜻한 할머니가 되어 주고, 파벌 싸움을 하는 독립운동가들은 엄격하게 나무랐지.
"우리끼리 싸우지 말고 일본과 싸우시오!"
여자들한테도 엄한 시어머니 노릇을 했어.
"남녀노소를 막론하고 독립운동을 첫째로 삼아야 해요. 여자라고 뒷짐 지지 말고
모두 내 일처럼 앞장서야 합니다."
조마리아는 잘잘못을 가려 주는 재판장 같았어. 사람들은 어려운 일이 있을 때마다 조마리아를 찾아왔지.

강인하고 올곧은 어머니였던 조마리아는 자녀들을 모두 독립운동가로 길러 냈어.
큰아들 중근은 이토를 처단했고, 둘째 아들 정근은 북만주 독립군을 도와 청산리 전투를 도왔어.
셋째 아들 공근은 김구를 도와 한인 애국단을 조직했고, 딸 성녀는 독립군의 군복을 만들었어.
조마리아 자신도 독립운동에 앞장섰어. 임시 정부 경제 후원회 위원이 되어 수많은 독립운동가들의 정신적 지주 역할을 했지.
조마리아는 큰아들이 보고 싶을 때마다 이렇게 생각했어.
'나만 아들을 잃은 게 아니다. 나는 독립운동하는 자식을 둔 수많은 부모를 대신하는 어미다. 슬픔은 나 혼자 삭여야 해.'

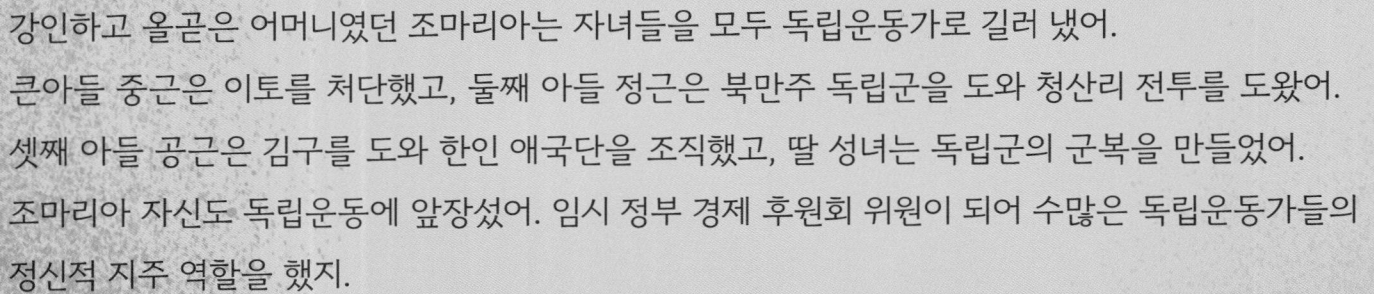

조마리아는 1927년 상하이에서 65세로 눈을 감았어.
상하이 외국인 묘지에 묻혔지만, 도시 개발로 묘가 사라져 찾을 수조차 없었지.
그러니 우리는 더욱 기억해야 해.
조마리아는 자식들과 함께 독립운동을 한 담대한 어머니이자,
당당한 독립운동가였다는 걸 말이야.

작가의 말
'독립운동가 조마리아'를 기리며

안중근 의사가 그토록 올곧고 담대했던 것은 어머니인 조마리아 여사로부터 받은 지지와 사랑이 대단히 컸기 때문이라 생각됩니다. 안중근 의사는 '죽을지라도 명예와 절개를 더럽히지 말라'는 어머니의 말씀을 따라 항소하지 않겠다고 다짐했습니다. 마지막으로 아들을 볼 수 있는 기회마저 접고 묵묵히 수의를 마련했을 어머니의 큰 사랑을 절절하게 느꼈을 것입니다.

안중근 의사는 1910년 3월 26일 뤼순 감옥에서 순국하셨습니다. 안중근 의사는 두 동생에게 자신이 죽으면 하얼빈 공원 곁에 묻었다가, 국권이 회복되거든 고국으로 옮겨 달라고 유언했습니다. 조마리아 여사도 두 아들에게 안중근 의사의 시신을 돌려받으라고 당부했지만, 일본은 끝내 일본 법을 어기면서까지 시신을 돌려주지 않았지요. 당시 일본 법으로도 사형이 집행되고 나면 시신은 가족에게 돌려줘야 했습니다. 그러나 일본은 안중근 의사의 시신을 하얼빈 공원 곁에 묻으면 수많은 독립운동가들이 안중근 의사의 묘를 찾아가서 독립 의지를 맹세할 것이 두려워 시신을 가족들에게 돌려주지 않았고, 지금까지도 어디에 묻었는지 밝히지 않고 있습니다.

조마리아 여사는 안중근 의사 순국 후, 러시아 곳곳을 다니며 독립운동에
앞장서자고 호소했고, 상하이에 살면서 독립운동가들의 어머니 역할을 하다가 돌아가셨습니다.
조마리아 여사는 상하이 외국인 묘지에 묻혔지만, 도시 개발로 인해 묘가 사라져 지금은
찾을 수조차 없습니다.

정부는 2008년에 조마리아 여사의 독립운동 공로를 기리며 '건국 훈장 애족장'을 드렸습니다.
조마리아 여사가 후손들에게 '안중근의 어머니'로 기억되는 데 그치지 않고, '독립운동가 조마리아'라는
자신의 이름으로도 당당히 불릴 수 있기를 바랍니다. 끝으로 이 책을 내는 데 많은 도움을 주신
안중근 의사 기념관 이주화 학예부장님께 감사를 드립니다.

문영숙